# SEÑAL DE VIDA
## George Riverón

Bluebird
editions

# SEÑAL DE VIDA
## George Riverón

poesía

Edición: Carlos Pintado y Heriberto Hernández
Portada: *Dreamer*, ilustración de George Riverón

Primera edición, 2005.
Segunda edición, 2008.

© George Riverón, 2019.
© Tercera edición. *Bluebird* Editions, 2019.
  Todos los derechos reservados.

ISBN 9781091059702

www.bluebirdeditions.com

Impreso en Estados Unidos de América.

# A MODO DE PRESENTACIÓN

En los poemas recogidos en este volumen, el escritor cubano George Riverón nos propone un curioso juego de contrastes entre conceptos y lenguaje, entre el ámbito de sus temas y el instrumental al que recurre para expresar esos temas. A estos versos se asoman presencias portentosas del hedonismo esteticista, como Constantino Cavafys y Egon Schiele; estas páginas contienen homenajes a otros defensores notorios de la transgresión dentro de la cultura del siglo XX, como Allen Ginsberg y Robert Mapplethorpe. Sin embargo, el lenguaje que predomina en todo el libro es conciso, ordenado, carente de rebuscamientos; lo que escuchamos es una voz que busca expresarse sin adornos, sin malabarismos, con la inocencia y la candidez intemporal de las canciones populares, y sin temor a usar ciertos tonos esenciales de la tradición romántica, rescatados de clásicos como Keats y de seguidores recientes, entre ellos Emilio Ballagas. Ése es, a mi entender, el principal disfrute que ofrecen estos versos: un recorrido sereno, y con gracia, por ciertas temáticas desafiantes, mediante un instrumental poético inocente, utilizado a conciencia.

A primera vista, el lector demasiado cauto podría sentirse desorientado, incluso un tanto incrédulo. El despojamiento verbal y la austeridad de recursos no están usualmente vinculados a contenidos pasionales ni a exploraciones éticas osadas. Pero poco a poco, con la lentitud de las decantaciones de la alquimia, la determinación con que el poeta va desnudando su dolor termina por estremecernos; la limpieza de su mensaje llega incluso a cautivarnos. Entonces comprendemos que la vulnerabilidad es en él una forma sutil de resistencia, que la sinceridad con que nos revela su temor casi infantil le está brindando protección. Y descubrimos que las reverencias y homenajes a los artistas mencionados son gestos triunfantes, efectuados con fervor instintivo, para aliviar su aislamiento y encontrar refugio en valores externos, pero estables y reconocidos. Es decir, la confesión que lleva a cabo mediante la expresión poética le permite reafirmarse en esas invocaciones y atenuar su propio desamparo.

¿De dónde proviene ese desamparo? La voz que habla en estos poemas no se disfraza: es el pesar que deja el desamor, cuyo carácter homoerótico se describe con naturalidad, y es, unido a ese pesar, el desarraigo visceral del exilio, la pérdida de un país amado. Esas dos formas del amor se entrelazan con simplicidad en ciertos versos de este libro. El autor ha comprobado que las posesiones emotivas que en el pasado le habían servido de marco referencial se han desvanecido, se han alejado definitivamente, y quiere expresarnos su pavor ante ese hecho y al mismo tiempo su alivio. El país de origen es, aclara, un *"país que pude dejar atrás con los ojos cerrados"*.

No hay valores unívocos en estos versos: ese mismo alivio se impregna por momentos de una dulzura singular, una suave nostalgia, pues en ese territorio abandonado el lector descubre la presencia resplandeciente de la madre del poeta (*"mi madre no se cansa de morir / una y otra vez vuelve a levantarse"*) y el esplendor de otros hermosos cuerpos que el poeta amó, o de amigos entrañables que lo sostuvieron en momentos de angustia y a los cuales no ha vuelto a ver. Muchos de estos poemas están dedicados a esos amigos, a esos amantes de los que el autor se ha separado. Todos esos seres alimentan el escenario íntimo de esta obra, pues al amarlos el escritor los incorporó, como deidades inconfundibles, a su universo interior.

Sólo en ciertas instancias estos textos se inscriben en un código reconocible a simple vista; en otras, sin abandonar el tono diáfano que lo caracteriza, sin aceptar retóricas, el poeta entra con discreción en reinos intrincados, donde las imágenes componen un sistema de evocaciones que no son fáciles de desentrañar. Eso ocurre en varios poemas en que este autor advierte que sus palabras pueden aparecer confiadamente en otros escenarios y avanzar sin temor hacia otros peligros. Sólo mencionemos, en ese sentido, algunos de los poemas menos dóciles del conjunto, como *Una mujer naranja baila con la orquesta de los árboles* o *Dulcísima María de los sueños*, dedicado a Dulce María Loynaz. Para subrayar tal vez esa advertencia, el mismo autor ya nos había anunciado en otro texto que *"mi madre ha dejado de morirse / y ahora canta una canción extraña"*. Una canción aún más "extraña" será, posiblemente, lo que Riverón podría escribir a partir de ahora.

Sin duda es conveniente que acojamos con curiosidad y regocijo, en el umbral de la poesía cubana del exilio, la voz precisa de este joven que nos conmina a escucharlo de inmediato.

*Reinaldo García Ramos*
*Miami Beach, junio de 2005*

a mis padres
que me ayudan a sobrevivir

a mis amigos
que me sostienen

I

*mejor será a que espere a medianoche,*
*al extraviado olor de los jazmines*
EMILIO BALLAGAS

## naturaleza muerta

>...*los ojos se nos están muriendo en lo alto como Jesús.*
>J. L. BORGES

en el solitario cementerio
donde las sombras solas no respiran
y un perfume se expande
levísimo
el enterrador ha puesto flores amarillas
en la *tumba del amor*
y ha llorado silenciosamente sobre ella
como quien deja rodar un beso
sobre el mármol frío

dueño de una calma imperturbable
el enterrador arranca su cabeza
echándola a volar
su cabeza es un oscuro pájaro
que se alza hacia las bombillas
que arriba se abren
en un surco de infinita llama

los volantes ojos del enterrador
están llorando tibia leche
que gotea
y se filtra purísima entre los ramajes
leche que gotea midiendo el tiempo

sucesión de voces que se apagan en los ojos de Jesús

en el solitario cementerio
el enterrador ha puesto flores amarillas
en la *tumba del amor*
donde las sombras solas no respiran
y un perfume se expande
levísimo.

**instantánea**

por la vieja plaza
donde los muchachos del barrio
discuten sobre béisbol
he visto pasar mi sombra
sin detenerse como antes
debajo de los ficus

la he visto escurrirse silenciosa
entre las tristes hojas
que el otoño arrastra.

**sobrevivir al naufragio**

haces danzar el cuerpo acompasadamente
entre los pilotes que flotan
en la ingravidez de tu memoria
como si un paisaje nada casual
volviera a dibujarse en ella
y te arrastrara a esa danza
que el cuerpo te agradece

arremolinadas aguas
al fondo de un paisaje de árboles silvestres
pilotes que flotan
como sombras de un pasado que no pesa
que apenas vuelve a tu memoria
y te hace danzar el cuerpo
dejarlo ir acompasadamente
liberado de ti

a veces cierras los ojos en tu danza
y la vida se te vuelve pasajera
un minuto cayendo sobre otro
ligera ancla que levas
en el ondular del agua

metáfora que construyes
para sobrevivir al naufragio

tus brazos se hacen remos desafiando la memoria
aspas tu corazón golpeando el aire
que llevas a la sangre
oxígeno tan puro como aquellos ojos
que recuerdas abiertos para ti
tan claros e inocentes

afuera algo va dejando de existir
una voz que silba su pesadumbre y se deshace
isla que llora su destino de isla
en la inmensidad del mundo
cruz que tatuaste a tu espalda
y ya te pesa sostener.

## el ángel

para ángel, por supuesto

bajo la fragilidad de las bombillas
aparece el ángel con sus ojos afilados

en su luminosidad
inflama el manso aire
que se me enrosca al cuello
como un collar de finas perlas

su beso deja huella en mi mejilla
y un escalofrío me pone a hervir el alma
desde donde pasadizos ciegos
me muestran los contornos del agua
quietud que el ángel rompe
mezclando piel con piel
bebiendo sorbos de esa luz
que el corazón desprende

no hay vino más dulce
que sus ojos resbalando por los míos
lumbre más brillante que su saliva tibia
cercándome los labios

lentos remolinos se crispan en el azogue
que los cuerpos
en su mansedumbre juntan

al amanecer
un árbol me abre en dos el pecho.

## jueves

a las cinco en punto de esta tarde
unos ojos se miraron en los míos
con una pasión irresistible

me hablaron del amor
de lo bueno que fue
encontrar en mis ojos
toda la paz del mundo

a las cinco en punto de esta misma tarde
te pensaba.

**umbráculo**

enciendes la lámpara de gas
en este cuarto de alquiler
que alguna vez conoció de la felicidad
cuando cantabas
y a esos pájaros silbando el rojo de la noche

como un cadáver
me dejo ir en el vaho que gotea de ti
en ese azufre doloroso
que mi mano perfilada apresura
y hace derramar

un golpe de metal
ensombrece la lumbre que los cuerpos disimulan
en la devastada noche

algo de ti flota pegado al cielo raso
a las ruinas de esa música
que un bolerista de tercera
regala desde el cuarto vecino

hay olor a carne chamuscada

a cuerpos que se filtran
en la ingravidez de las alcantarillas.

## acción de gracias

apoyas la palma de la mano contra el pecho
y un gesto leve te purifica
a veces no sabes si gritar o correr
pero cuando apoyas la palma de la mano contra el pecho
respiras.

**otra vez el agua**

una gota de agua
se precipita a romperse contra el agua
donde la luz
(leve luz del amanecer)
va dejando su huella detenida

agua que frota su lomo de agua
contra el muro de la fuente
banco que los amantes bautizan
en un rito silencioso

sobre el agua flota el tiempo
y vuelvo los ojos hacia el paisaje que se pierde
como extensión de la noche
y advierto dos sombras que se acercan
para lavar sus manos en el agua
donde sin duda
quedará borrada para siempre
la última mentira.

**d.w.**

casco mi corazón contra una piedra
y sangro

las palabras hacen un río
que la roja corriente arrastra
agua rojísima brillando
bajo la alcoholada noche

tatuadas aves se posan sobre el vientre
me inventan una estación
donde no alcanzo a ver
el reflejo de la luna en mi país
el horizonte es una mancha
que ciega

abro la noche
como quien descorcha una botella vacía
y salgo a ella
temblando
mojando la punta de los dedos
en su hiriente escarcha

entonces me doblo sobre mí
y estrujo tu carne en mi carne que hiede
su solitaria mansedumbre

menos secreto que la noche
es este dolor que se hunde en el recuerdo
esa ausencia de ti humedeciéndome los ojos
el desequilibrio de un cuerpo estremecido
en el cuerpo que imaginó suyo para siempre

marzo se ha hecho el mes más cruel
las horas van cayendo sobre mí
como quien esparce ceniza ardiendo sobre el pecho
minutos que queman
el minuto que vendrá a devolverme la luz
que quedó tapiada por las sombras

intento acomodar el sueño
donde tu sueño me espantaba los demonios
pero en el hueco del cuarto
escucho a *gershwin*
hay una voz que canta *our love is here to stay*
y me desarma

dios no está por estos días
en que llego a la noche
solitario

como el agua escurriéndose en el agua
llevo mi vida a cuestas
dolor en el dolor

que punza el corazón que casco una vez más
contra la piedra
y sangra.

## la sombra del naranjo

a carlos naranjo

cuando levanté la mano
para decir adiós
el país me flotaba dentro

vi alejarse las luces de la habana
con el dolor de quien deja el alma
sobre un montón de brasas

cerré los ojos
y sentí mi corazón acurrucado
en el pecho de los amigos
en las calles que ya no volvería a recorrer

iba quedando atrás
la voz que me amparaba en el silencio
ese instante sutil
donde los cuerpos se juntaban
mientras elena burke encendía
los dóciles instintos del amor

la ciudad se hacía un punto borroso en la distancia
y con ella el país se alejaba para siempre

fue entonces cuando te vi llegar
con los ojos encendidos
parte de mí
mi otra mitad

y comencé a beber el jugo de tus frutos
ese dulce intenso
que tu corazón regala cuando lo acaricio

como un niño abrazado por tu sombra
quiero estar
vivir
morir
sentirme dios llegando al paraíso

si algo me faltara en este mundo
quiero que sea en ti
donde encontrarlo.

II

*pero no pude hacer lamentaciones, pues ya mis ojos llegaban sanos
y salvos al césped de la llanura y podían ver, un poco más allá…*
                                                    VIRGILIO PIÑERA

## en la demorada cicatriz del polvo

*con los pies en los gladiolos, duerme.*
RIMBAUD

sobre una alfombra de hojas otoñales
he puesto el corazón
para que duerma su siesta-soledad
para que en la húmeda transparencia de la luz
su principal costumbre se diluya

con los pies enredados en el perfume leve de los gladiolos
le observo desangrarse
como el más antiguo de los deseos
murmurando con el ronquido de su saxo
una pobreza enorme
ceniza que el viento va fijando
en la demorada cicatriz del polvo

de nada sirve el cuerpo que
deseado hasta la lasitud
vi morir acuchillado
con un gesto lívido
suave como una canción
en los labios del recuerdo
cuerpo que transformé en bahía
en puerto al que llegaba
para saciar mi sed

bebiéndote la vida
y esos ojos inmensos donde cabía mi rabia
y mi benevolencia

sobre esa misma alfombra de hojas
que el otoño ha ido acomodando silenciosamente
he puesto también esta miseria que dios
en su más absoluta intimidad
nos va dejando
pétalos para abanicar el perfilado acento
de esos nombres
que hicieron de tu cuerpo
una sombra ajena
y muda.

**el amante**

sobre la losa fría
el amante traza su estrategia
una y otra vez sonríe ante el espejo
de unos ojos afiebrados
ojos que se clavan como agujas en su cuerpo

el amante va recto al corazón
está mordiendo el único músculo sano de la fiera
que ahora ha comenzado a retorcerse
y arde en un fuego rojísimo
horno ardiendo es el corazón de la fiera
la lengua del amante es agua que hierve

cuando en las noches el amante y la fiera sueñan
los sueños se juntan como imanes

ahora la fiera no es lo que se conoce como una fiera
ahora es sólo un muchacho delgado
que sonríe sobre la losa fría

el amante es la almohada
donde la fiera (o el muchacho -que es lo mismo-)

acomoda su cabeza
y duerme.

## acaso el corazón

>con permiso de salvatore quasimodo

espléndido
como un salto de agua en mitad de la fuente
el bello muchacho atraviesa el patio
en busca del amor crucificado en el poste de telégrafo

billie holiday canta *lover come back to me*
y el viento serpentea con su voz los silencios de la noche
rotos interrumpidamente con el chirriar de las rejas
que se abren al paso del deseo

el bello muchacho se hunde
en la estrecha sombra del poste de telégrafo
elevando las manos al cielo

alrededor
un coro de voces gime
suplicando al joven dios
una lluvia de luz sobre la tierra

el viento serpentea *lover come back to me*
y tras las rejas que se cierran
acaso el corazón nos queda

acaso el corazón
y un gran vacío.

## alguna vez pude cortar la sombra

para alessander, su poema

*by this, friend, you may full plainly see*
*why I have never penn'd a line to thee...*
JOHN KEATS

solo
en la soledad del mundo
imagino tu cabeza a contraluz
tu cabeza     espiga iluminada
por los ojos de dios
mientras recorro con el pie
el dibujo medieval en el sobrecama rojo

he vuelto a leer
los versos que kavafis
escribió pensando en ti
cuando apenas eras un silencio
una imagen apoyada en el pomo de la puerta
el límite entre la ausencia y tú

yo sólo he pretendido un espacio de tiempo
para volver rompiendo la palabra
que no logra salir del pecho roto
(transparente caja de pandora)
y luego atar el mástil
al gesto de acariciar tu mano blanca
blanquísima y suave como el miedo

alguna vez
pude cortar la sombra
que me separa del amor
pude mojar la punta de los dedos
en la tibieza de sus aguas
y beber la dulzura de su mirada clara

pero a lo lejos
un barco se confunde con tu nombre
y pasa de largo
una niebla se interpone
al instante en que mi pie
recorre el dibujo medieval en el sobrecama rojo

a contraluz
imagino tu cabeza
espiga iluminada por los ojos de dios
y yo la beso
y la pongo a descansar
como a una estatua.

**constantino kavafis me visita en esta madrugada
en que vuelvo a escribir un poema para tus ojos**

en esta madrugada constantino kavafis me visita
y para él he dispuesto
una cena lezamiana
una íntima cena donde podamos desnudarnos
y beber hasta el último sorbo de vino en nuestras copas
empaparnos el cuerpo con el agua bendita de sus poemas
dejar (con aparente descuido)
que una rodaja de remolacha
manche el blanco mantel
bordado a crochet por las manos de mi madre
y lanzarnos ráfagas de furia con los ojos
tejer esa complicidad
que sólo él y yo podemos entender

constantino kavafis me visita
en esta madrugada en que la vida
me mira blanquinegra
y ha traído para mí un reloj de péndulo
un antiguo reloj que ya no cuenta el tiempo
sino los ojos y las bocas y los cuerpos
que en madrugadas como esta
he deseado tanto hasta el cansancio

si yo tuviera ahora esas bocas y esos ojos
si yo tuviera entre mis manos esos cuerpos
los dejaría escapar
y emprendería el camino hacia tus ojos
que son el único lugar seguro que conozco.

**tus ojos**

sólo tus ojos
entre tantos ojos en los que he clavado
mis ojos fijamente
me libran del pecado de caer
en el poder de otros ojos
en mis ojos.

**poema de amor contra la oscura dimensión
donde sólo la ausencia es una luz creíble en la distancia**

cuando llegue la noche    amigo mío
cuando llegue
habremos dejado atrás la incertidumbre
el posible paso hacia el abismo
donde sólo la ausencia es una luz creíble en la distancia

apenas un ligero canto de tus ojos
y el mundo me ha mostrado un cielo abierto
barcarolas alegres que pasean por las aguas de mi isla
por las transparentes aguas bautismales
del país que pude dejar atrás con los ojos cerrados
mientras los girasoles del pecho
deshojaban sus tristezas
y ese amor infinito a lo prohibido

cuando llegue la noche    amigo mío
abriré los brazos deseosos de abrazarte
y entrarás en mí
como el mar penetra suavemente entre las rocas
yo entraré en ti    desnudo y silencioso
mientras los ángeles guardianes
entonen su himno a la mañana

cuando llegue la noche
cuando llegue
la esperanza será una melodía alegre y triste
dictados que el corazón sólo comprende
incertidumbre rota
incertidumbre agujereada

cuando llegue la noche      amigo mío
cuando llegue.

## robert mapplethorpe

el corazón
filtrado por el aire del amanecer
resuena en los surcos vacíos de la espera

robert mapplethorpe agoniza
en su fina corteza diamantina
luchando cara a cara con la muerte
planeando su última fotografía
la que lo absolverá del pecado de morir

de la pared cuelgan los recuerdos más íntimos
cuerpos gozados en su belleza infinita
tulipanes rendidos en las aguas muertas
que el musgo y el otoño han ido habitando

como en una procesión nupcial
el *pájaro de ojos verdes* recoge su canto
atravesando el ritmo de su propia armonía
ahogándose en la luz de su sombra
anclando la mirada en las cortinas
que el viento hace danzar en su tristeza

robert mapplethorpe levanta su vaso de papel
para brindar con los ángeles
mientras en la alcoholada estancia
el tiempo
silenciosamente se suicida.

## a egon schiele

en estos días
en que la soledad se confunde
con el gris de los ojos del mundo
pienso en usted egon schiele
convencido de su pederástica hermosura
haciendo posar a esas damitas colegialas
tan delgadas y lánguidas como libélulas
en las que tal vez
encontró el placer narcisista del que no puede prescindir

sus modelos joven schiele
me recuerdan cirios encendidos
vírgenes de medianoche
alucinadas por los brillantes lumínicos
en las puertas de los *clubs*
esos lugares donde los jóvenes soldados
ofrecían la mitad de sus sueldos
(centavos ganados rigurosamente)
por una jarra de cerveza amarga
y la fugacidad de un instante de placer

el mundo siempre estuvo dando golpes delante de los ojos
sólo que la vida a veces se equivoca
y nos muestra la cara equivocada de la moneda

la casa ya no fue más la casa
en la que el amor era la llama que avivaba la leña
la casa ha sido un pozo
donde los sueños cayeron a la profundidad de sus aguas
y nos faltó la soga para salvarlos

aquí estamos usted y yo
aquí haremos girar la botella
que decidirá cuál de los dos se irá a la cama
con esa chica que ha pintado
cuál de los dos le retocará las pupilas
y beberá del vino amargo de sus pechos
esa mansedumbre que como un salto de agua
nos devora dulcemente

pronto egon schiele
el mundo está girando
se acerca el tiempo de la siega
donde sólo entonces usted comprenderá
que es hora de ir en paz con dios y con los hombres

siempre estuvo la mano del amigo
esperando en el brocal del pozo.

**dulcísima maría de los sueños
maría de los pájaros**

                    a dulce maría loynaz, en el tiempo
                    a belkis méndez, por amarla

en mi mesa de noche
maría de los pájaros
he encontrado una foto de usted
recortada cuidadosamente de alguna revista antigua
una pequeña foto
y un libro acariciado finamente por los años
con la carta de amor más hermosa
que mis ávidos ojos jamás leyeron

por ser yo esa columnita de marfil
pintada de azul
de rosa y de amarillo
esa columnita tibiamente cantada por usted
le entregaría estos veinticinco años
que día tras día han ido construyendo mis alegrías
(esos fugaces momentos
en los que soñé tocar la felicidad
con la punta de los dedos
y abrí siempre el corazón
confiado en una paz sin límites)
y todas mis tristezas
(aún cuando trataba de no llamarlas tristezas

sino gaviotas que llegan a playas nunca vistas
y después de unos cortos calendarios
alzan el vuelo
y se hacen un punto oscuro en la distancia
gaviotas que constantemente llegan y se van
y a veces
como sombras chinescas
revolotean encima de la casa
en las noches de intenso verano)

yo sólo he tenido esta vieja fotografía
guardada de las lluvias
y de los malos tiempos
una fotografía antigua
y un montón de poemas suyos
que guardo celosamente en mi mesa de noche
el único lugar
al que verdaderamente pertenezco

perdone usted
dulcísima maría de los sueños
si mi voz no alcanza a humedecer sus oídos
pero temo despertarla
de ese sueño al que ha decidido unirse
temo espantarle
esa música de ángeles que sigilosamente la cubre
ese ungüento de raíces
que perfuma su respiración de virgen

nada justifica
este nerviosismo de fierecilla

en el que me amparo
pero lo cierto es
que cada vez que acomodo mi cabeza sobre la almohada
su fotografía es una lámpara
que lo ilumina todo
y no puedo dormir

un hombre agita sus manos
y contempla el aire
entonces yo sólo soy una sombra angustiosa
que pasea por un rosal
de rosas apagadas

viajar clandestinamente de un lugar a otro
de un sueño a otro
como quien hilvana la vida con retazos de tiempo
ha sido este silencio que me queda

ay dulce maría de la vida
yo también amé a un rey muy joven
a un rey dormido
en el jardín de los reyes de egipto
un rey de manos finas y cabellos de oro
un joven rey
al que ofrecí mi amor y mis deseos
nunca supe su nombre y no me importa
yo buscaba la felicidad
ese instante en el que al despertar
los sueños se desgranan
sobre la tierra húmeda de rocío

sepa usted
virgen dulcísima
que el amor me fue llegando poco a poco
como llegan los sueños
el amor vivo y transparente
bajo la pobre luz
de las lamparitas de papel
colgadas en el patio

pero qué hago yo con el amor
dónde pongo esta tristeza
que usted me deja
este sabor a musgo
a tierra
alcanfores de palabras en un mar inmenso
peces hermosos y plateados
que me miran con sus ojos tiesos
suplicantes

adónde voy sin usted
dulce maría
mi reloj se ha parado
y amanece.

III

*otra cosa no soy que esas imágenes*
*que baraja el azar y nombra el tedio*
JORGE LUIS BORGES

**el último dios**

a luis caissés, amigo

a más de un siglo de distancia
el último dios arrastra su bata amarillenta sobre el piso
una a una repasa lentamente las palabras
que los hombres han ido dejando en el camino
palabras tristes y sordas
grises palabras que se enredan
en la cola de su bata amarillenta

el último dios camina despacio
inseguro y triste a más de un siglo de distancia
arrastrando las palabras de los hombres
rostros de otros dioses inseguros y tristes
mesías de tiempos parecidos

al final del camino puede haber una puerta
una señal de paz
donde los hombres perdonen a sus dioses
pero el último está viejo
y ahora camina despacio
arrastrando su bata amarillenta sobre el piso
repasando lentamente las palabras perdidas por los hombres
sonidos sordos y empolvados
que ya no dicen nada

a más de un siglo de distancia
mi vida es una cuerda que se tensa
una esfera de luz
con el rostro de dios desvaneciéndose.

## pequeña serenata

yo no he acabado de amar del todo
    aunque esté en la lista
    de los candidatos a la morgue

yo fui alegre    a veces
    cuando me hablaban de miguel ángel
    o de los lirios de van gogh

yo fui un sastre de la soledad
    oculto de las lámparas
    donde jugueteaban insectos y hormigas

yo probé lo amargo
    lo vano    lo barato
un tiempo sin colores
donde llovía cansancio y desesperación

mi casa fue la madrugada
y mi oficio trasnochar

yo fui alegre    a veces
cuando el amor no era ilusiones y espuma
sino una barca en busca de otra orilla.

**una mujer naranja**
**baila con la orquesta de los árboles**

una mujer naranja
se maquilla debajo de los árboles
zurce su sonrisa de mujer
y se perfuma los senos con la luz
sale a la aventura
en busca de un fosforescente animalillo que la ampare
que le devuelva la voz
y la invite a sacudirse los malos pensamientos

una mujer
con el pañuelo atado a la muñeca
baila desnuda
lanzándose al abismo del alcohol
mientras la orquesta de los árboles
le acaricia los muslos
y
   cae
        cae
            cae
como una pieza más del rompecabezas
que nadie se atreve a armar
entre el miedo y la nostalgia

mañana
cuando el vientre le raspe las entrañas
esta mujer
dispondrá de nuevos hilos
para amarrar sus libélulas
y echarse al mar
insegura de sí misma
solitaria
culpable de estar sola
como una diáspora hueca     vacía

y los que aquí estamos
de espectadores
malditos y silentes
no tendremos el coraje de salvarla
la dejaremos romperse mar adentro
buscando una salida
una mano de dios
que la proteja
que le invente una casa de papel donde morir tranquila

una mujer naranja
baila con la orquesta de los árboles…

**mar**



aguas de mi silencio     de mi suerte
aguas y piedras de mi yo
vengan
que el grito vuele esta frontera en soledad
tu sitio
tu máscara
tu laúd

vengan a mi orfandad de arena
de atrasado reloj de arena
de blanca arena retrasada

vengan a limpiar mi cuerpo
del azufre que provoca el hastío
a despedazar mis huesos y mi sien
en la espuma de sus estancias

arremetan contra mí
la espina de su odio

maten mis deseos y mi sed
mi nostalgia y mi duda
sacrifíquenme.

## este verano hace crecer las flores

este verano hace crecer las flores
y ya nadie escribe poemas al cansancio
nada obstaculiza el paso del tiempo
cuando mi casa se abre en dos mitades desiguales
nada se interpone al llanto de mi madre
que como loca corre gritando que tiene ganas de morirse
que su cabeza le da vueltas
como una pelota rodando en el vacío

volver
cuando la casa es un testigo que pregunta
y nadie sabe responderle
al parecer las casas no hablan nuestro idioma
sólo la mesa y el pan de casi a diario
envejeciendo en su costumbre
sólo la mesa y una silla vacía
esperando

este verano hace crecer las flores
y la casa se llena de un olor tristísimo
los muertos comienzan un rito transparente
y es la voz de mi madre que canta su cansancio

es su voz envenenada la que hace bailar a los danzantes
qué dolor tan íntimo provocan sus palabras
es un dolor que arde
una luz que se prende haciendo crucecitas en la piel

nada nos sostiene
apenas una cuerda y mi corazón se transparenta
mi corazón que es una barca sin nombre y sin destino

este verano nadie escribe poemas al cansancio
mi madre ha dejado de morirse
y ahora canta una canción extraña
un nuevo salmo para ahuyentar los días
mientras se pierde en un jardín de flores muertas.

**madre alimentaba su corazón**
**dándome de comer en el hueco de su mano**

en el hueco de su mano
madre me daba de comer

despacito juntaba las pajuzas del arroz sobre la mesa
hasta que el arroz quedaba limpio como su alma
y yo comía de su mano
era yo el único alimento que a mi madre le caía en el estómago

ella nació de un ángel
lo sé porque tiene alas tan finas
que nadie alcanza a verlas como yo
y tiene la voz de un ángel
y como un ángel madre se queda recostada en su cansancio
mientras yo la observo desde el otro extremo de la casa

mi madre también tiene los ojos vivos y redondos
ojos para mirar las cosas que no se deben mirar
pero ella no se cansa
mi madre no se cansa de morir
una y otra vez vuelve a levantarse
y echa a andar hilvanando los días poco a poco
consumiéndose en su soledad de madre

pero yo nunca lo advertí
cuando me daba de comer en el hueco de su mano
era su corazón lo que comía

madre alimentó mi corazón
dándome de comer el suyo.

## señal de vida

a julio césar guerrero

un hombre puede ser la repetición
de otro hombre que no conoce
que ni siquiera sabe que existe
en la otra orilla
al otro extremo de la calle
dentro de otra soledad

un hombre puede inventar cantos
y sentirse muerto
mitad lumbre y mitad péndulo
cayendo
agujereándose el ojo para ver brotar el mar
y construirse un velero
o una simple tabla para salir a flote

en esta época
un hombre puede ser un animal desconocido
una ciudad dentro de un caracol
soñando
sintiéndose inseguro de su casa

la sombra de un hombre
puede ser la otra cara del miedo

un barranco
la señal de vida
 (o de muerte)

después de todo
un hombre puede ser
la otra carta por jugar.

## poema al amor prohibido

terminada la función
las bailarinas se besan apasionadamente
mientras retiran el maquillaje de sus rostros
el escenario es ahora un país inhabitado
donde danzaron bajo las luces
las extrañas muchachas que se aman

hay fuego ardiendo en las pupilas del acomodador
que muere ensimismado
y se levanta muerto
y echa a andar despaciosamente
dejando atrás el acto feroz del amor prohibido

las bailarinas comienzan su danza metafórica
su danza solitaria de los siete velos
y la música se eleva desde el alma
y el corazón les estalla con sus luces de neón
con sus alas abiertas
dispuestas para el vuelo

detrás de los espejos
las bailarinas asisten a una función eterna

sin más vestuario que su propia desnudez
mientras afuera llueve
y el acomodador baña su única muerte
y se va feliz
feliz
cantando su honda soledad.

**un hombre extraño**

ciertamente soy un hombre extraño
la figurilla que pretende
mirarse en las revistas de moda
luciendo un nuevo traje de domingo
y escapar
como quien deja su felicidad
su aparente felicidad
que es lo mismo que lanzarse a la vendimia
para alcanzar el vuelo de su cuerpo rompiendo el aire
sin más ojos que un diamante color de la esperanza
y unas alas tan enormes como el miedo

verdaderamente
no tengo otra sonrisa que esta vida artificial
que esta cruz inmensa sobre la espalda
que este ir y venir por la soledad de las calles
por la irresistible soledad que me avizora

alguien dijo mi nombre
y le fueron prohibidos los deseos
la inexorable necesidad de decidir
de repartir mi cuerpo

ciertamente soy un hombre extraño
una figurilla simple
inventándose un pájaro chispeante
para impactar al público
que espera su salida misteriosa al escenario
que es lo mismo que a la vida
*la pesadilla de ir*
*haciendo los días poco a poco* *
como también es ir haciéndose la muerte

dentro de mí hay un animal dócil
una luz venciéndome con su sombra.


* nelson simón gonzález

## aullido por allen ginsberg

> *we´re all beautiful golden sunflowers inside*
> A . G .

hoy no tengo más que este disfraz de hombre
para asistir a tu llegada
un pañuelo de aguaceros
para escurrir los hermosos girasoles
que desprendes de la voz
y un ojo maldito
por el que miro cuán duros fueron tus anhelos

yo soy de los que desnudaron sus ángeles
angustiados    moribundos    consumidos
por el frío y la asfixia de la droga

ah    si yo tuviera
cómo devorar el fuego de la carne
y fundirme con él bajo la noche inmensa
pero *he visto a los que se cortaron sin*
    *éxito las muñecas tres veces consecutivas*
    *abandonaron y se vieron obligados*
    *a abrir tiendas de antigüedades*
    *donde pensaron que se estaban volviendo viejos*
    *y se echaron a llorar*
y no pude ofrecerles mis libélulas
este desequilibrio de hombre

si yo tuviera     al menos
la mano de carl donde apoyarme
donde escribir un breve poema
y ver el santo día de tu nacimiento

si yo tuviera     amigo allen
dónde acurrucar mi cuerpo
dónde echar a arder mis huesos e improperios
dónde cavilar con mi cabeza de animal fantasma
como aquellos *que se sentaban sobre cajas*
    *inspirando la oscuridad bajo el*
    *puente y se levantaban para*
    *construir clavicordios en sus áticos*

yo     que no he tenido más
que un acordeón transparente de sonido
y estos discos que escucho noche a noche

cuándo llegarás allen ginsberg
tomándole la mano a carl
para que todos sepan que le amas
que tus dientes son su arma filosa
en las madrugadas bajo el puente

estoy obsesionado
y no tengo más hilos que este ovillo
quiero llegar a ti
para averiguar *si tú habías tenido una visión*
*para conocer la Eternidad*
y me han sido negados los caminos

a tus sesenta y nueve años
vuelves a ser niño esperando la hora
de comenzar a andar
y yo estoy contigo
enfermo de tus poemas
cabizbajo y nervioso
y no estaré a salvo mientras no estés a salvo
y ahora estás realmente sumergido
en la *absoluta sopa animal del tiempo*
como quien se libera de su cáscara
y la convierte en el escudo de su gloria

llega pronto allen ginsberg
pero trae de carl
aunque sólo sea su recuerdo
ya nada devolverá a su cuerpo el alma
ni la salvará *del verdadero pingpong del abismo*

llega pronto
escaparé contigo
*ahora Denver siente añoranza por sus héroes.*

## la soledad del solo

> a rubén rodríguez, otra vez
> *más triste de lo que estoy*
> *nadie me va a poner*
> R. R.

entre la multitud
el solo se inventa una nueva soledad
un nuevo fantasma para escapar
del grito de su alma

el solo tiene miedo del bullicio
y del claxon de los autos
su soledad es un circo en medio de la nada
una moneda cayendo
sin saber a qué cara apostar por la felicidad
y la moneda cae
dejando al solo en un desequilibrio atroz

en su nueva cáscara
(soledad sin reparos)
el solo llora su poco de hombre
se bebe lentamente la sangre del amigo
ay el amigo
el amigo es también su misma soledad
su espanto contenido

ay si no fuera del amigo
el solo no sería sino un puente

entre las aguas y el silencio
entre la marea rugiendo
y el pez flotando boca arriba
sin el amigo el solo no tendría su soledad completa

y dios está mirando desde arriba
desde el más allá dios les inventa una canción de cuna
para que el solo y el amigo
sueñen con los muslos de su amada
y la amada se los traga
su vientre es una cápsula
donde el solo y el amigo se funden

la amada está llorando la soledad del solo
el solo y el amigo son una misma cosa.

## los días del perdón

*te beso y te echo al mundo,*
*te beso y te entrego a los soldados*

detrás de los cristales
la ciudad se encoge de hombros
y yo simplemente soy un vagabundo
morir sería la solución exacta
el remate justo para estos días de pérdida
pero yo deambulo
me ofrezco al dolor
como si todo en mí no fuera nada

qué hacer con tanto miedo
lacerando mis costillas
con tanto fuego ardiendo en mis adentros
hoy que un silencio me penetra
anidando mi vocación de pobre diablo

los días del perdón
suelen ser un gran abismo
disputándose mi vida
días de morir y nacer
de morir y morir y volver
con una muerte gris y fría como un dardo
días sin sol
donde el mundo se sumerge
como en un mar de culpas

días del hombre
días de dios bebiéndose mis años

los días del perdón
han tendido un muro altísimo
el que no puedo derribar con mi amuleto
mis muertos duermen
puesta tengo la cena para ellos
y no hay señal de sus fantasmas

vacío de mí abro los brazos
ofreciendo mi dolor a los soldados
a los malditos seres
que en la noche se vuelven cazadores

días del perdón
minutos cayendo en un reloj de arena
desierto donde el tiempo pasa minuciosamente
días de mí
espejo para ahuyentar la imagen y su eco
reverso de un dolor sin límites
transparencia para disimular la redondez del mundo

apenas soy un pasajero
pero en cada estación
voy dejando un pedazo de mis carnes
un sueño que conduce a la agonía
trampa donde pierdo los ojos
para regalártelos    hermano
ojos que se abren y se cierran
añorando cerrarse para siempre

tú puedes entenderme    lo sé
por eso deambulo con mi soledad a cuestas
intentando desprenderme los recuerdos
agujereándome el alma
sin importarme que estoy muerto
que es solo hueso y nada lo que soy

días del perdón
donde los hombres se construyen la esperanza
una casa grande y verde
con árboles frondosos y animales domésticos
casa con muchachas riendo en el traspatio
dando de comer a las palomas

días del perdón
única salida hacia un país desconocido
donde todo puede volver a ser como en los sueños
isla con cocoteros y una playa
aguas para limpiar
lo que no puede limpiar
el desamor.

## oficio de payaso

volver la cara atrás
y dejar que el tiempo se vaya acostumbrando a ti
cuando estás solo
y solo has de volver a ver tu rostro
dádiva del tiempo
con la que estrenaste un nuevo salmo para sus ojos

tu oficio ha sido siempre divertir
creer que la felicidad
está en el acto que ejecutas a diario
pero no te das cuenta que la felicidad nace del alma
y que solo no puedes alcanzarla

oficio que el tiempo roe
mientras él lanza al aire la moneda
y te sorprende el sonido hueco contra el piso
puedes imaginarte su sonrisa
en el dibujo que describe la moneda
rodando corazón adentro
pero sólo es un amago
que el sonido inventa y disimula

vertiginosamente cierras los ojos
tratando de encontrar una fuerza
un impulso que te lleve al escenario
donde alguien espera ansioso tu función

naciste bajo las candilejas de la carpa
y aún los sueños te parecen imposibles
fueron alas sosteniendo la flacidez de tu cuerpo
resortes que él construye para que no fallezcas

contigo se irían apagando una a una
las luces de la vida.

# índice

## I

naturaleza muerta/ 17

instantánea/ 19

sobrevivir al naufragio/ 20

el ángel/ 22

jueves/ 24

umbráculo/ 25

acción de gracias/ 27

otra vez el agua/ 28

d. w./ 29

la sombra del naranjo/ 32

## II

en la demorada cicatriz del polvo/ 39

el amante/ 41

acaso el corazón/ 43

alguna vez pude cortar la sombra/ 45

constantino kavafis me visita en esta madrugada
      en que vuelvo a escribir un poema para tus ojos/ 47

tus ojos/ 49

poema de amor contra la oscura dimensión donde sólo la ausencia es
        una luz creíble en la distancia/ 50

robert mapplethorpe/ 52

a egon schiele/ 54

dulcísima maría de los sueños maría de los pájaros/ 56

## III

el último dios/ 65

pequeña serenata/ 67

una mujer naranja baila con la orquesta de los árboles/ 68

mar/ 70

este verano hace crecer las flores/ 72

madre alimentaba su corazón dándome de comer en el hueco
        de su mano/ 74

señal de vida/ 76

poema al amor prohibido/ 78

un hombre extraño/ 80

aullido por allen ginsberg/ 82

la soledad del solo/ 85

los días del perdón/ 87

oficio de payaso/ 90

SEÑAL DE VIDA (tercera edición), de *George Riverón*
terminó de imprimirse en el mes de marzo de 2019,
por Bluebird Editions,
en los Estados Unidos de América.

www.ingramcontent.com/pod-product-compliance
Lightning Source LLC
Chambersburg PA
CBHW031205090426
42736CB00009B/794